AF233008

FRANCE ET ALLEMAGNE

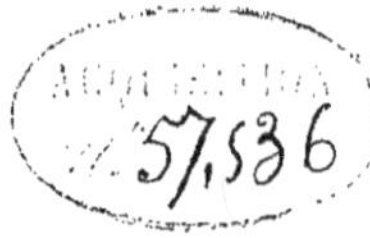

CONSIDÉRATIONS

SUR

NOTRE AVENIR POLITIQUE

par F. TABERLET

Député à l'Assemblée nationale.

LAUSANNE

Imprimerie L. CORBAZ & Comp^e.

1871

FRANCE ET ALLEMAGNE

CONSIDÉRATIONS SUR NOTRE AVENIR POLITIQUE

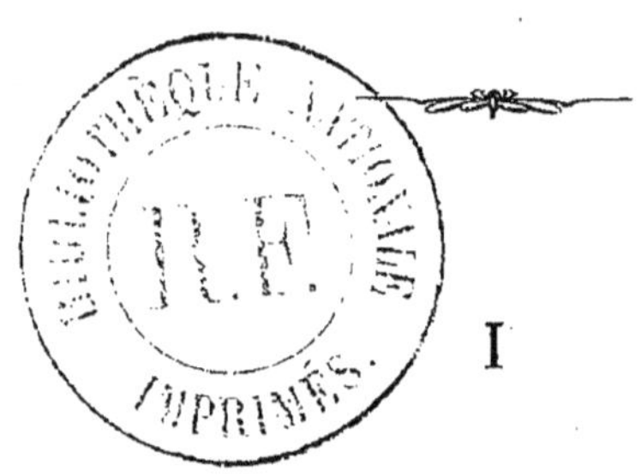

I

L'écueil le plus dangereux pour la France serait la continuation de cette existence politique, tissue de mensonges et d'illusions à laquelle l'empire l'avait soumise. Elle doit envisager résolument sa véritable situation, quelle que soit l'amertume de la réalité.

Placée en face de périls de toute nature, depuis ses récentes défaites, elle doit comprendre que le culte seul de la vérité peut la sauver de l'abîme qui, dans l'histoire, marque le terme de la vie des peuples. Ceux qui aujourd'hui voudraient se méprendre sur l'étendue de nos malheurs, ne feraient que céder à un aveuglement bien volontaire, et d'autant plus coupable, qu'on ne pourrait en accuser que leur intérêt personnel et leur propre convenance.

Est-ce aller trop loin, que d'affirmer que cette faute est précisément celle des prétendants et des partis monarchiques? Ne semble-t-il pas qu'ils s'efforcent d'oublier que nos ennemis foulent et rançonnent encore notre territoire? Qu'ils n'ont d'autre souci, au milieu de notre détresse, que d'assurer à leur bénéfice les tristes lambeaux de notre patrie infortunée?

Ces honteuses compétitions sur de tels débris, soulèvent d'horreur et d'indignation. La France est à peine arrachée aux griffes meurtrières du parjure de Sedan que, bien vite, nous voyons les prétendants s'élancer de leur gîte, comme des oiseaux de proie, et fondre sur la victime toute sanglante et mutilée.

Ces impressions, nous les avons ressenties à la vue de toutes leurs odieuses intrigues. Si, dans leur sagesse, les prétendants ont pensé donner ainsi la mesure de leur amour et de leur dévouement au pays, le moyen n'est pas heureux. La France saura, nous l'espérons, en prendre acte une bonne fois.

Leur audace a grandi avec le prodigieux succès de l'emprunt. Il leur a fait voir que la victime respirait encore et qu'une restauration, si elle était possible, serait une excellente aubaine. Ils n'ont pourtant pas le moindre doute, que cette petite fête serait de courte durée et qu'une terrible révolution ne manquerait pas d'en faire une prompte justice.

Ils ne voient pas les immenses dangers qui menacent le pays, et ceux qu'ils vont faire naître par leur aveugle obstination; ou, s'ils les entrevoient, c'est que, pour le cruel bonheur d'un règne de quelques jours, ils en font bon marché! Dans la première hypothèse, ce ne sont que de dangereuses médiocrités que l'on doit redouter à l'égal du plus grand des fléaux. Dans la seconde, ce sont des misérables dignes du dernier des châtiments.

Ils veulent achever l'œuvre de l'anéantissement de la France, ce crime si audacieusement conçu et presque consommé par les Bonapartes! Car n'est-il pas évident qu'une monarchie nouvelle, qui ne manquerait pas de diviser les forces de la nation, la conduirait forcément à ce résultat?

Le gouvernement du pays par le pays, c'est-à-dire le gouvernement du droit et de la justice, peut seul rallier à la cause commune l'énergie et l'abnégation de chacun.

Sans doute, l'emprunt a été un succès prodigieux. Il a été une preuve que la France était riche en trésors de patriotisme et qu'il lui restait quelques ressources financières. Mais il n'est pas sans intérêt de nous bien rendre compte des causes qui ont amené cet événement considérable.

Elles peuvent se résumer à trois principales :

La première, est la loyauté incontestable, dont la France a toujours fait preuve dans ses engagements les plus difficiles et les plus onéreux. Elle retrouve aujourd'hui la juste récompense du soin chevaleresque, qu'elle a toujours mis à né pas dévier de la voie de l'honneur. Cet héritage, le plus riche présent qu'un enfant puisse espérer des siens, est également le bien le plus précieux qu'une nation puisse recevoir de ses pères. Il lui assure un crédit que les malheurs et la détresse feront mieux apprécier encore et qui reste souvent, dans les cas extrêmes, la seule et dernière planche de salut.

Ce doit être pour nous un exemple fécond que nous ne saurions perdre de vue. Il nous rappellera ce que nous devons aux générations qui nous suivent.

Une deuxième cause a été la confiance universelle qu'inspire l'homme éminent, qui préside avec tant d'autorité et de savoir aux destinées de la France républicaine. Parmi ses titres à notre reconnaissance, le plus incontestable est sans contredit son œuvre d'abnégation pendant les quelques mois qui viennent de s'écouler. Il saura la continuer et se mettre au-dessus des mesquines taquineries d'une fraction de l'assemblée, qui s'est donné la tâche de lui rendre en mauvais procédés, tout le bien qu'il fait à son malheureux pays. Cette odieuse conduite est appréciée par la France entière; déjà les triples élections lui ont prouvé qu'elle entendait qu'il fut *la première étape de la République*, qu'elle se refusait de la manière la plus formelle à ce que le pouvoir fut livré aux mains de ceux qui n'ont d'autre souci que d'occuper les marches d'un trône qu'ils osent espérer.

Il est une troisième cause du succès de l'emprunt qui, pensons-nous, est peu connue encore. En y réfléchissant, nous la croyons destinée à frapper vivement les esprits qui se préoccupent de l'avenir des classes ouvrières.

En effet, on a pu être surpris de la rapidité avec laquelle la France a offert cinq milliards à son gouvernement. Elle a ainsi dévoilé l'énorme quantité de valeurs dont elle pouvait disposer, et qui bien certainement ne se seraient pas soumises, sans y être obligées, à un chômage aussi désastreux. On ne sait au juste depuis quelle époque une bonne partie de ces capitaux attendait un emploi sûr et convenable. Cependant, il est bien probable qu'ils ne tendaient à s'accumuler que depuis peu d'années seulement, et que cette date pourrait coïncider avec celle où les grèves ont commencé à surgir.

Il faut reconnaître que depuis quelques années, les capitalistes n'ont point dissimulé leurs justes appréhensions au sujet des grèves qui ont tenté de s'imposer au monde industriel. Ce despotisme nouveau et inintelligent, créé et soutenu par de puissantes sociétés, a été la principale cause de la réserve que se sont imposée les hommes d'ordre et d'économie. Il ne pouvait plus leur convenir d'être chaque jour à la merci de ces tentatives arbitraires que la main-d'œuvre s'était donné la tâche d'accomplir. Le prétexte, on le sait, était la revendication des droits de l'ouvrier.

Depuis ce temps, les industriels devinrent de plus en plus soucieux d'un péril que leurs caresses et leur bonne volonté étaient impuissantes à conjurer. Ceux des capitalistes que l'amour des affaires eût facilement entraînés vers la pente de l'industrie, furent naturellement arrêtés courts par le seul danger des grèves. Ils préférèrent s'assurer un moindre revenu que de s'exposer à voir péricliter leurs économies, en des mains qui avaient peut-être montré trop peu de scrupule.

Comme on le voit, ces craintes ont certainement détourné le capital de l'industrie et des entreprises où l'ouvrier garde la haute main. Les valeurs ont tout naturellement cherché des placements à revenus plus modestes, mais plus sûrs. Aussi elles n'ont pas manqué de se précipiter sur l'emprunt du 2 août et de le couvrir en quelques heures, dans des proportions les plus inespérées. Une juste appréciation de ce grand acte, doit en faire un des événements lés plus considérables de notre époque.

Il faut donc convenir que les grèves et les sociétés qui les fomentent ont eu leur part décisive dans ce prodigieux succès.

Il ne peut entrer dans notre cadre restreint de nous occuper ici des droits de l'ouvrier à de telles revendications. Après les sinistres journées de la commune de Paris, chacun a compris que ces questions capitales exigeaient une étude approfondie de la part des hommes compétents. C'est à eux qu'il appartient de poser la juste délimitation entre ce qui est possible, réalisable, et les criminelles aspirations de quelques factieux dominés par l'orgueil et le besoin de jouissances matérielles.

Aussitôt que les esprits auront retrouvé le calme pour

juger avec mesure, nous nous réservons de faire connaître à ce sujet quelques pages inédites que le hasard a fait tomber entre nos mains.

Aujourd'hui, nous relèverons une seule expression du manifeste signé « Delescluze » et qui marque une des nombreuses tendances de quelques hommes du 18 mars. « Il faut universaliser le capital, » disait-il. Nous avouons tout d'abord ne pas bien saisir le sens de ce mot; s'il est une manière de dissimuler celui de communisme, nous n'hésitons pas à l'arrêter au passage et à voir ce qu'il doit signifier. Aurait-il la prétention de nous faire revenir au temps de Lycurgue? Ce temps est déjà loin de nous et nous en sommes séparés par l'œuvre scientifique, cet impérissable monument de la gloire humanitaire. Elle ne permettra plus que l'homme puisse retomber à ce mode primitif d'association où l'art et la science sont exclus, au seul profit des intérêts et des jouissances matériels.

Ce serait vainement s'obstiner à vouloir suivre la marche inverse de celle qui nous est tracée par la nature. Elle commande aux plus élevés dans l'échelle intellectuelle et morale d'attirer à eux, ceux que leurs instincts retiennent vers les bas-fonds. Ils leur doivent l'exemple, l'indication précise de la route à suivre, leur appui et leurs encouragements dans la voie difficile du bien et du devoir. Qu'ils se gardent, au contraire, de descendre vers eux, si ce n'est dans le seul but de les arracher aux chaînes hideuses de l'ignorance, de la superstition et de la misère.

Il faut de la patience, du courage et de nobles efforts pour gravir les degrés même du plus modeste bien-être; cette constatation est précisément un aveu implicite que le communisme n'est que la doctrine de l'impuissance et du découragement. Ses partisans semblent dire à la société : nous savons que nous pourrions nous frayer une route par le travail et l'économie, mais notre lâcheté est incapable de tant de vertus. Et puisque nous ne pouvons nous élever jusqu'à elle, nous voudrions l'abaisser jusqu'à nous!

Doctrine dangereuse, qui tente de lutter contre la nature même des choses, c'est-à-dire contre l'impossible.

Vouloir plus longtemps nourrir l'ouvrier de ces erreurs absurdes et destructives de toute production, n'est-ce pas aggraver sa situation et ses maux? Pourquoi le bercer d'un mirage trompeur et lui faire ainsi détester le pain qu'il doit arroser de sa sueur, l'empêcher de goûter le bonheur de vivre d'une vie active, laborieuse et honnête?

Qu'il ne se méprenne donc plus sur tout ce qui brille à ses yeux, et qu'il sache bien que le calice de la vie contient autant d'amertume et de douleurs, qu'il se boive sur des lambris ou dans l'humble chaumière! Si parfois le bien n'est pas toujours de son goût, qu'il n'oublie pas qu'il doit le faire encore, parce que le bien seul produit le bien, et que le mal, malgré les apparences les plus trompeuses, n'engendre que le mal. Le grand écueil de la vie est de n'avoir en vue que le moment présent, et de ne pas savoir compter avec l'avenir, surtout avec l'avenir des siens. Si nous pouvions apprécier à sa valeur, cet élément de la science de la vie, nous saurions comprendre, que si nous ne sommes pas capables d'aimer et de faire le bien pour lui-même, nous devons le faire encore par bonne politique.

Du reste, que peuvent donner en échange à l'ouvrier toutes ces fausses conceptions? La haine de ceux qui possèdent, une soif insatiable de jouissances brutales, l'amour de l'oisiveté, puis enfin l'espoir de partager un jour. Partager quoi? la fortune du voisin! C'est oublier, sans doute, que, à part quelques fortunes scandaleusement acquises, la plus grande partie sont le résultat de longues privations, de travaux assidus, de souffrances de toute nature. Veut-on nier au fils le droit de jouir du labeur de son père? Mais si ce droit imprescriptible, eût pu être jamais contesté, peut-on croire que le père eût souffert quarante ans de son existence à économiser obole par obole? Non, sans doute. Il eût vécu au jour le jour, sans essayer même de produire un liard de plus une fois que l'autre, certain qu'il était, que le fruit de ses sueurs ne devrait pas profiter à la chair de sa chair, à son autre lui-même.

Une contestation aussi audacieuse serait le fait de la plus flagrante injuste, et le moyen le mieux choisi pour mettre fin à toute accumulation de travail, c'est-à-dire pour tarir la source de toute richesse.

Au moins, dit-on, que la terre soit la propriété de ceux qui la cultivent, en vertu de ce principe que l'ouvrier doit jouir du fruit de tout son travail! D'abord, on oublie un des principaux éléments de la production, « les avances. » Mais passons, et remarquons bien que si on est en droit d'accuser de vol le premier occupant, celui qui le premier ayant enclos un terrain, osa dire : « ceci est à moi, » nous serons obligé de faire une distinction importante pour ceux qui aujourd'hui possèdent la propriété territoriale. En vérité, ils l'ont acquise par un tout autre procédé. Nul n'en saurait disconvenir, et les vrais voleurs seraient ceux qui, au mépris de la justice, voudraient s'approprier le fruit de tant de soins et de tant de labeurs.

Mais, pour un instant, nous voulons supposer la division des terres par parts égales entre tous. Qui ne sait qu'il est certainement plus difficile encore de conserver que d'acquérir. Et alors quel serait le sort de ceux qui ont toujours été les victimes de leur paresse, de leur lâcheté et de leur inconduite? Gagneraient-ils l'amour du travail et l'économie par le seul fait de cette division? Pour qui connaît la nature humaine, il est permis d'en douter. Nous les verrions bientôt dans un état de dénuement plus triste encore, par le souvenir d'une situation meilleure. Ils ne manqueraient pas de réclamer à nouveau une autre division des richesses, dont ils se prépareraient à jouir comme de la première. C'est l'absurde cotoyant l'injuste, et par le fait l'anéantissement de la société elle-même. Il est évident que la production, la richesse et la civilisation succomberaient à la première atteinte portée au droit de posséder et de transmettre.

D'autres bornent leurs prétentions à espérer que le capital pourra un jour, offrir de meilleures conditions au travail. Nous le souhaiterions de tous nos vœux, mais nous ignorons encore si une conception nouvelle amènera un nouvel état de choses, qui trouvera moyen de placer le capital dans le cas de se pouvoir passer de la confiance dont il a besoin, soit dans les transactions, soit dans les entreprises. De telle façon, qu'il n'éprouvera plus la nécessité de faire des réserves en raison même de la défiance qu'il ressent.

D'un autre côté, d'excellents esprits, dont nous admirons la droiture et la modération, pensent qu'il suffirait que le capital puisse offrir l'escompte égal pour tous. Sans chercher plus avant, qu'ils nous permettent une seule observation. Ils n'espèrent pas sans doute qu'une telle œuvre puisse provenir de l'initiative particulière. Il faudrait donc avoir recours à une banque nationale qui devrait supporter les déficits assurés d'une telle opération. Chacun avec son titre de Français, avec sa seule signature ou même deux équivalentes, aurait le droit de profiter de l'escompte égal pour tous; la confiance deviendrait un devoir pour cette institution. Nous pouvons supposer un instant que tous s'imposeraient l'obligation stricte de n'en user qu'avec équité et justice. Mais il faudrait toujours s'attendre à des revers que nul ne peut prévoir et que le plus honnête homme doit subir. Nous trouverions presque une justice à faire supporter de tels malheurs par l'universalité des citoyens; ils ne seraient pour la totalité, qu'un accident à peine appréciable; tandis qu'ils suffiraient à eux seuls à jeter une ou plusieurs familles dans la misère et la détresse. Toutefois, si notre supposition n'était que gratuite et qu'une étude plus approfondie du cœur humain nous eût ramenés à la réalité des choses; si enfin, nous nous voyions obligés de compter avec certains défauts, certains vices inhérents à quelques natures, où trouverions-nous la garantie de la probité de chacun? A quel instant la société aurait-elle le droit de mettre fin aux abus que la paresse et la mauvaise foi ne manqueraient pas de faire naître? A quel signe pourrait-on reconnaître que tels revers sont la conséquence du hasard, ou de l'incapacité de l'emprunteur, ou bien de son inconduite; qu'enfin il a encore droit au crédit public ou qu'il ne mérite plus la moindre confiance? Ces graves questions demanderaient à être mûrement étudiées, et nous pensons que tous les efforts les trouveraient peut-être insolubles.

L'initiative privée n'accepterait probablement pas de telles éventualités. Ceux mêmes qui réclament le taux de l'escompte égal pour tous, repousseraient une telle responsabilité le jour où leur travail et leurs économies en auraient fait des propriétaires et des capitalistes. L'ouvrier lui-même, n'escomptera jamais, au même taux, des valeurs provenant de deux négociants, qui ne lui inspireraient pas le même degré de confiance. Il ne serait par conséquent ni juste ni convenable d'exiger des autres plus de désintéressement et d'abnégation, qu'on peut en avoir soi-même.

Est-ce à dire que nous répudions toutes recherches ultérieures de la solution du problème social, c'est-à-dire de la *misère?* Loin de là, nous avons nous-même consacré de bien longues heures à cette question de la dernière importance; et tout autre résultat que celui que nous allons énoncer, nous a paru d'une application bien difficile, sinon impossible. Il nous a semblé que la solution qui nous occupe ne saurait avoir d'autres bases principales que : l'instruction, le mutualisme, et l'institution d'un tribunal entre ouvriers et patrons. Le capital et le travail pourraient ainsi régler leurs conventions après les avoir débattues en toute liberté. Par mutualisme, nous entendons le droit incontestable de tous les malheureux impotents, quels que soient leur sexe, leur âge et leur condition, à être non-seulement soutenus par la société, mais à être placés sous sa sauvegarde, et le devoir de celle-ci à reconnaître ce droit et à s'y conformer. Cette obligation s'imposerait à tout capital productif d'intérêts, dans une proportion sagement déterminée.

Nous laissons à d'autres mieux inspirés le soin de rechercher une solution plus efficace et plus en rapport peut-être avec la fraternité qui doit unir tous les membres de la grande famille humaine. Nous osons à peine espérer qu'il existe une solution pratique à laquelle on ne saurait faire le moindre reproche d'*individualisme.* L'homme est ainsi fait, que ses appétits et ses besoins le forcent trop souvent, à être en contradiction avec les mouvements de son cœur. Nous ne sommes pas plus avec Hobbes, qui affirme que l'homme est né méchant, qu'avec Rousseau qui assure que la compassion, la pitié sont l'essence même de notre nature. Ce qu'il y a de plus absolu dans l'homme, ce sont ses besoins matériels. Certes, ils n'excluent pas le sentiment du bien, mais ils le limitent peut-être. Toute autre théorie exclusive n'a rien de solide et n'est nullement l'expression d'une observation judicieuse.

Quoi qu'il en soit, nous devons être bien convaincus qu'il ne surgira jamais une solution du grand problème de la misère, qui mettra l'humanité dans le cas de n'avoir plus besoin de l'amour du travail, de l'économie de chaque jour et de la pratique du devoir.

Ainsi qu'on a pu le voir, si le résultat de l'emprunt a été une grande consolation au milieu de nos désastres, la cause principale de son prodigieux succès n'est pas sans laisser quelques inquiétudes aux hommes qui ont souci de l'avenir des travailleurs.

II

Le succès de l'emprunt a toutefois redonné à la France cette confiance exagérée qu'elle paraît affecter dès cette époque. Il a été, surtout pour les partis monarchiques, l'aiguillon qui a stimulé leurs folles espérances et leur insatiable avidité. Moins empressés quand la nation ne donnait que des signes d'épuisement et de détresse, ils se sont bientôt ravisés à la vue d'une proie qui promettait encore un si riche butin. Chacun des prétendants a dressé ses batteries avec des nuances diverses d'habileté et de loyauté.

Au 8 mai, lors de la proposition de loi faite à l'Assemblée nationale ayant pour but l'affirmation de la République, le parti royaliste, qui, à cet instant, faisait mine de rêver la fusion, fut vivement ému. Il n'avait rien su conclure encore entre légitimistes et orléanistes (ces derniers n'étaient pas du tout pressés) qui put être opposé à ce coup inattendu. Ils se hâtèrent de prendre une décision qui aboutit au fameux manifeste du comte de Chambord. On prit soin de le dater du 7 pour le faire paraître le 9 mai. Cette production, peu réfléchie et de la dernière inhabileté, fut accueillie avec enthousiasme par le parti orléaniste. Il se prit à rire sous cape d'une maladresse dont il n'était peut-être pas tout à fait innocent. Il comprit bien que cette pièce serait l'heureux début du drame comico-tragique qui bientôt devait s'achever à Chambord dans les plis du drapeau blanc. Le terrain était déblayé, mais l'œuvre n'en restait pas moins complexe. Il fallait rallier ces bonnes âmes du droit divin, absolument dévoyées par la loyale et franche folie de leur idôle. C'était une tâche relativement facile pour les chefs avisés de l'orléanisme. Après avoir adroitement troublé l'eau de ce troupeau naïf et confiant, ils eurent peu de peine à lui faire entendre qu'il devait reporter ses dernières espérances sur les seuls hommes qui, tout en obéissant aux nécessités des temps, représentaient encore le principe. La persuasion, chez le plus grand nombre d'entre eux, paraît être un fait accompli. La grâce d'en haut, la promesse d'une place sur les marches du trône, ont séduit ces convictions rigides et désintéressées. On déclare tout bas avoir cédé à la sottise du maître et aux besoins de l'époque.

La légitimité n'est plus guère qu'un fait historique; elle a su, à propos, relever le drapeau de Henri IV, pour s'en faire un suaire digne de ses grandeurs passées.

La France reste en face de l'orléanisme, qui ne néglige rien pour dissimuler ses prétentions sous les voiles les plus perfides. Il a soigneusement pris pour devise : « Le silence est d'or. » Plus souple, plus fin et plus politique que tous les autres partis, il évitera toujours, croyons-nous, les dangereux coups de main, comme ceux du deux décembre; il sent trop que de telles manœuvres, impriment à leur auteur un stigmate que le temps ne saurait effacer. Il a pu voir que même, lorsque les hommes sont assez lâches pour paraître avoir oublié ces sortes d'origine parjure et criminelle, le temps ne pardonne pas et prépare le châtiment. Troublé peut-être par le spectacle qui lui est offert, le parti orléaniste se gardera de fixer son heure. Il paraît décidé à l'attendre d'un heureux hasard, habilement secondé par ses insinuations et ses détours. La République n'a pas d'ennemi plus dangereux que ce parti, en raison même de la patience, de la souplesse, et de la persévérance qu'il est capable de déployer.

Nous croyons rester dans la vérité en avançant qu'il ne compte dans ses rangs que d'intrigantes médiocrités, capables de dérouter les hommes du droit divin, mais impuissants à conduire la France vers le but qu'elle doit se proposer, sous peine de n'être plus dans l'avenir, qu'une vassale des Etats du Nord.

Pour ne rien oublier, bien qu'un tel souvenir nous soit odieux, il faut citer le bonapartisme, qui essaie une fois encore, de se dresser avec ses lâchetés, ses crimes et ses turpitudes. Dans une récente adresse, il a eu le cynisme de se parer du titre « d'homme de Sedan! » Une telle audace dépasse toute mesure. Sedan n'aura jamais d'autre synonyme que : trahison, incapacité criminelle, honte, infamie! S'il pouvait avoir une autre signification, c'est que la lumière ne serait plus la lumière, la vérité ne serait plus la vérité.

Les excès mêmes de cette bande, prouvent combien la pratique du vice, pendant quelque temps, peut changer la nature humaine au point de lui faire confondre le bien et le mal. Pour eux, tout se résume en deux mots : intérêt et jouissance matérielle et immédiate.

Si la France devait jamais se redonner de tels maîtres, c'est que la victime serait digne de son bourreau!... L'honneur de notre pays nous défend de telles suppositions.

Mais si le succès de l'emprunt a ravivé les convoitises monarchiques, il a aussi eu pour effet de rappeler la France à une situation plus en rapport avec ses ressources et sa vitalité. D'un seul coup, il l'a tirée de l'état d'abattement et de désespoir où l'avaient plongée les plus cruels revers. Cette brusque et facile transition, qui est un des traits caractéristiques de notre esprit national, n'a pas manqué son action décisive sur l'esprit de quelques-uns. Sans autre souci du passé et de l'état présent, ils ont commencé à murmurer le mot redoutable de « revanche; » et déjà il a été porté à la tribune française par une voix bien certainement plus enthousiaste que prudente[1]. Il fait partie du domaine public et toute accusation d'inopportunité devrait retomber sur l'auteur qui n'a pas craint d'en faire retentir les échos de l'honorable assemblée.

Que ce mot réponde au sentiment intime de la nation tout entière, c'est ce que nul ne saurait contester sans encourir la condamnation de sa propre conscience. La plaie a été trop profonde, et malgré l'odieux système des Bonapartes, si le patriotisme français avait dû pâlir un instant sous le coup de cette débauche gouvernementale, il ne manquerait pas de renaître de ses cendres.

L'Allemagne n'a pas perdu courage après les malheurs

---

[1] Séance du 12 juillet.

qui l'ensanglantèrent au début de ce siècle. Elle s'est recueillie dans un noble silence, pour mieux entendre les voix mâles et patriotiques qui l'invitaient à se mettre à l'œuvre sans retard et à ne pas désespérer. C'est avec l'émotion la plus profonde que nous relisons les prophétiques paroles que l'illustre Gœthe adressait à ses compatriotes, après les désastres de son pays.

Comment répéter avec calme ces mémorables paroles qui paraissent, à elles seules, avoir soulevé l'Allemagne entière et avoir ainsi préparé presque notre anéantissement?

En raison même de la similitude de situation, nous les rappelons ici, pour qu'elles restent à jamais gravées dans nos âmes. La France doit les faire siennes et ne pas oublier qu'elle n'en sera vengée que lorsqu'elle les aura fait servir de la même manière, contre ceux qu'elles avaient armés si puissamment.

Gœthe, après avoir dit à sa patrie l'ardent amour qu'il lui porte dans son cœur, ajoute :

« On éprouve à comparer le peuple allemand aux autres
» peuples un pénible sentiment, auquel je cherche à me
» dérober par tous les moyens. J'ai trouvé dans les sciences
» et dans les arts les ailes avec lesquelles on peut s'élever
» au-dessus de tout celà; car les sciences et les arts appar-
» tiennent au monde et devant eux disparaissent les bar-
» rières des nations. Mais la consolation qu'ils procurent
» n'est pourtant qu'une triste consolation, qui ne remplace
» point l'orgueilleux sentiment d'appartenir à une nation
» grande, forte, estimée et redoutée. »

Puis, jetant un coup-d'œil sur l'avenir de l'Allemagne, il ajoute :

« Que chacun de nous, selon ses talents, son inclination,
» sa position, développe en attendant la culture du peuple
» et la fortifie, afin qu'il ne reste pas en arrière des autres,
» qu'au contraire il les devance; afin que l'intelligence ne
» s'émousse pas, qu'au contraire elle se vivifie; afin qu'elle
» ne défaille pas, ne devienne pas pusillanime, mais qu'elle
» se montre capable de toutes les grandes actions quand le
» jour de la victoire viendra nous luire. »

Ne semble-t-il pas que la grandeur et la prospérité d'une nation ne doivent reposer que sur l'abaissement et la ruine des autres? Serait-il donc vrai que cette grande loi de destruction qui régit toute la chaîne zoologique atteigne également la pauvre humanité? Il serait peut-être facile d'en donner plus d'une preuve tirée de son histoire, de ses instincts, de ses aptitudes. Le progrès et la civilisation semblent plutôt déplacer les appétits de l'homme que les modifier profondément. L'influence de la société a bien pu atténuer la cruauté et la convoitise dans l'individualité, mais n'avons-nous pas eu des exemples frappants, que ces vices reprennent leur terrible autorité dans la collectivité, placée sous de certaines influences. Ici encore l'espèce humaine méconnaît le sentiment de compassion au profit de ses besoins et de ses intérêts et ne voit plus de frein à ses goûts pervers et cruels.

A cette heure, toutefois, avons-nous bien le droit de caresser les nobles et consolantes utopies qui bercent d'un doux espoir les cœurs généreux? Elles sont le plus souvent le seul baume aux poignantes douleurs que provoque dans le cœur humain l'aspect des souffrances et de la misère de nos semblables. Mais quand on est soi-même oppressé et presque anéanti par de profondes blessures; quand le cœur et la raison sont opprimés par leurs propres maux, la pratique de l'égoïsme, l'oubli des autres, ne devient-il pas le droit et presque le devoir? Aujourd'hui, en effet, tous les patriotes français doivent restreindre leurs vues et n'envisager que les malheurs de la patrie; ils doivent concentrer tous leurs efforts pour la grande œuvre de la réparation. Mais alors que chacun est d'accord sur le but à atteindre, les moyens restent l'objet de certaines contestations de la plus haute gravité.

III

Les uns, pleins de foi dans la puissance du réveil des peuples, condamnent la pensée d'une revanche par les armes. La seule guerre qu'ils prêchent encore, est la guerre à mort aux despotes et aux tyrans. Leurs moyens par excellence sont l'instruction répandue à flot, l'émancipation morale et intellectuelle de tous les esprits. Les peuples, disent-ils, indissolublement liés par les liens de la nature et de la fraternité, doivent résolument attendre le grand jour de la délivrance : le jour où ils pourront se donner la main sur les ruines des trônes et confondre à jamais dans un même amour leurs intérêts de toute nature. Pensée pleine d'élévation et qui déjà, a coûté tant de sang humain, depuis que le drapeau en a été arboré si fièrement par les Huss, les Luther et les Münzer.

Il importe toutefois, à des esprits pratiques, de bien apprécier de telles vues dans ce qu'elles peuvent contenir de réalisable. Mieux vaut la réalité, si amère qu'elle puisse paraître, que les conceptions utopiques, qui ne sauraient avoir qu'une réalisation partielle, et dont l'entier accomplissement n'aura peut-être d'existence que dans le cerveau des rêveurs.

D'autres, enfin, convaincus que l'esprit humain ne saurait trouver de limite à son domaine scientifique, qui est la clef de l'avenir, se voient obligés d'attacher plus de prix aux intérêts immédiats de la collectivité. Ils se trouvent poussés dans cette voie, après avoir jeté leurs regards sur l'humanité et le globe qui est son domaine matériel. Ils n'hésitent plus à conclure que, en raison même de la différence des régions du globe, de la fécondité du sol, des influences climatériques et des difficultés de la vie, certains peuples resteront à jamais séparés, par l'antagonisme même de leurs intérêts; et qu'il serait puéril d'attendre l'heureuse époque où ils pourront jouir d'une absolue fraternité. Ce n'est pas sans les regrets les plus profonds, la douleur la plus amère, qu'ils ont dû reléguer dans le monde des rêves, le doux espoir de pouvoir acclamer un jour l'avènement de la Paix, de la République universelle.

Arrière donc sans faiblesse les songes qui bercent et qui trompent. Que sert-il de fermer toujours les yeux à la vérité? Ne voyons-nous pas depuis les temps les plus reculés, les invasions périodiques du Midi par le Nord, être la contradiction la plus flagrante de ces rêves impuissants?

Ce n'est pas que nous disions avec le Dr Gall, que la guerre doit être perpétuelle parmi les hommes, à cause d'une immobilité prétendue des tendances militaires de l'humanité. Mais aussi nous contestons, dans une certaine mesure à notre illustre maître Auguste Comte, ses vues au sujet de la guerre. Il prétend que l'ensemble des témoignages historiques, indique avec évidence le décroissement graduel de l'esprit guerrier à mesure que le développement humain s'accomplit, décroissement qu'il regarde d'ailleurs comme pleinement conforme au système mieux approfondi des lois fondamentales de notre nature.

Telle n'est pas tout à fait notre pensée. Et voici, à notre sens, les motifs qui nous empêchent de conclure comme lui. Faut-il chercher dans la tournure de notre esprit, dans la conformation de notre cerveau, la solution d'un tel problème? On écarterait ainsi, les seuls arguments décisifs qui se rattachent à toutes les questions relatives à nos besoins matériels. L'homme est un être complexe, avons-nous dit, et chaque fois que l'on veut conclure à son sujet, en se plaçant à un point de vue exclusif, on ne peut obtenir qu'une demi-vérité ou moins encore.

Ce point de départ une fois établi, on a pu voir déjà la route que nous comptions suivre. En effet, tandis que le Midi voit presque sans peine, la nature se couvrir de riches moissons, de fruits abondants et délicats; tandis que la fécondité du sol et un délicieux climat, laissent aux habitants de ces contrées, les mille loisirs d'une vie agréable, insouciante et facile, ne voyons-nous pas le Nord n'avoir que des rigueurs pour ceux qui le subissent? En même temps que les plus pénibles labeurs qu'il impose, ne rendent guère que de parcimonieuses récoltes, le climat du Nord n'est-il pas un danger permanent pour les faibles organisations? Ces luttes excessives contre le sol et les éléments ne laissent presque pas de trêve. Si les organismes et les tempéraments sont trempés d'une manière suffisante pour résister, ils ne manquent pas de gagner à la lutte et de se fortifier. Ceux au contraire, envers lesquels la nature s'est montrée avare, en ne leur donnant que de chétifs organes, n'ont rien à espérer d'un combat sans espoir; ils résisteront peu et ne tarderont pas à finir dans l'épuisement une vie languissante.

Mais le jour où ces fortes natures auront entrevu des régions plus clémentes et la possibilité de les échanger contre leur sol ingrat, quel sera le rempart, quelle sera la voix qui leur dira: vous n'irez pas plus loin? Il est facile de se payer de mots et de croire que le développement commercial, les relations nouvelles, des communications plus faciles pourront diminuer ce besoin instinctif et impérieux d'émigration. A notre sens, les progrès de toute nature, seront toujours impuissants à changer les influences climatériques et l'infécondité du sol, et partant, trop incomplètes pour établir jamais l'identité absolue des intérêts des peuples de toutes les régions du globe.

La nature, du reste, semble avoir par ce moyen même, prévenu la dégradation de l'espèce humaine. Peut-être que si le sang du Nord, fortifié par une lutte incessante, n'était venu, à plusieurs reprises, s'infuser dans les veines des habitants du Midi, et lui redonner la richesse et la vitalité, peut-être, verrions-nous l'humanité incapable de réaliser sa toute puissance, par l'œuvre scientifique, et ainsi, rester inférieure à ses grandes destinées.

Faut-il chercher ailleurs cette tendance invincible des hommes du Nord vers le Midi? Nous ne le pensons pas ; et ces données succinctes nous paraissent l'explication la plus naturelle de toute la question d'Orient, qui se résume avec tant de force dans le testament de Pierre-le-Grand. Tous les peuples, qui subissent tant de conditions défavorables, sauront-ils jamais résister à la voix d'un politique ou d'un maître qui, pour couvrir ses vues ambitieuses, leur fera entrevoir cette terre de prédilection? Cette seule promesse ne suffira-t-elle pas à leur faire supporter le despote qui leur prépare des jours meilleurs ?

Qu'y a-t-il, en effet, de plus naturel que de voir les habitants de ces régions inclémentes tourner invinciblement leurs regards vers des contrées plus favorables à l'expansion d'une nature riche, puissante et féconde. Ce sera pour eux, ne l'oublions plus, comme une éternelle terre promise.

Ce ne sont pas là, comme on l'a dit, des questions de races, mais bien le fait d'appétits irrésistibles, inhérents à notre nature. Là est le secret de la réussite de toutes les colonisations créées par les habitants du Nord. Ils ont présent à la mémoire le souvenir des souffrances et des privations qu'ils ont dû subir au pays natal, ils sont prêts à tous les sacrifices, afin de s'assurer une vie nouvelle, pour peu qu'elle leur fasse oublier leur primitive existence.

En parcourant l'histoire des grandes guerres, il est facile de remarquer que celles que le Midi a suscitées contre le Nord, ont un caractère distinctif. En général, leur mobile puisait son origine dans un besoin de défense ou de vengeance, ou encore, dans un insatiable amour de gloire et de trophées. Aussi le prix de la victoire dépassait-il rarement l'abaissement des vaincus et une pure satisfaction d'orgueil. Au contraire, les entreprises du Nord contre le Midi avaient toujours pour but presque exclusif, de remplir les caisses du trésor aux dépens de l'ennemi et de satisfaire des besoins matériels. La victoire était une bonne fortune, dans laquelle la gloire n'était qu'au second rang; on l'eût facilement échangée contre un butin plus riche et plus abondant. Nous ne saurions, comme on le voit, conclure de là, à une différence de nature entre les habitants du Nord et du Midi, les hommes ne sont guère que ce que les font les climats et les difficultés de la vie. Après ces considérations très sommaires, que nous n'avons pas crues inutiles dans la grave question qui nous occupe, il nous sera plus facile de nous rendre compte de la politique de l'homme de génie, qui, depuis quelques années, conduit et domine l'Europe. Elles nous aideront, en outre, à nous bien pénétrer des immenses devoirs qu'une telle politique nous impose.

N'oublions pas que la politique des peuples est le cercle d'action où ils subissent le plus leur propre influence, c'est-à-dire où ils reçoivent de la manière la plus décisive, le contre-coup de leurs actes bons ou mauvais. N'oublions pas enfin, que le sort d'une nation est presque toujours la conséquence de la sagesse ou de l'imprévoyance de son gouvernement.

Ceci dit, nous avouons sans peine que parler déjà de revanche, ainsi que le mot a été lancé, c'est commettre une imprudence que n'a point calculée son auteur, pas plus qu'il ne s'est rendu compte des obligations considérables qu'elle impose à son pays.

Ce mot doit être dans le cœur de tout ce qui a du sang français dans les veines; car ainsi que nous le verrons, M. de Bismark ne nous a point laissé le choix. C'est ce que ne paraissent point entrevoir, les personnes habituées à compter exclusivement avec leurs plus généreuses aspirations.

IV

A coup sûr la France n'a déjà plus le choix de tel ou tel parti. Sa ligne de conduite lui a été tracée au traité de Francfort. A cet instant même la revanche lui a été dictée et imposée par le chancelier prussien ! Sa conduite envers la France et sa politique, en sont les preuves irrécusables.

Nul ne pourrait contester, en effet, que si la Prusse avait eu le moindre désir de consolider la paix, mais une paix longue et prospère, la tâche lui était des plus faciles. Personne en France, n'eût songé à lui marchander le paiement intégral de tous les frais de guerre. Nous eussions accueilli avec reconnaissance, une proposition de traité de commerce dans les conditions les plus avantageuses pour l'Allemagne. Celle-ci eût, par sa modération, scellé une alliance dont elle pouvait retirer les plus grands profits. Nous lui restions, en outre éternellement redevables de nous avoir délivrés du plus lâche de tous les despotes.

Nous ne demandions à M. de Bismark que de respecter l'intégrité de notre territoire !

C'était encore servir la cause de l'Allemagne, qui peut déjà se rendre compte, de la difficulté qu'elle rencontrera à germaniser les cœurs de nos malheureux frères de l'Alsace et de la Lorraine.

Nous n'entreprendrons même pas de faire ressortir tout l'odieux de ces annexions, qui se font une gloire de fouler aux pieds le droit imprescriptible des peuples à donner au moins leur avis, dans le choix d'une patrie. Pratique brutale, renouvelée des premiers âges, que la logique des faits ne manquera pas de retourner un jour contre leurs implacables auteurs.

Ce ménagement de notre susceptibilité était le moyen le plus sûr de fixer à jamais l'unité allemande, de procurer à l'Europe et à l'Allemagne en particulier une paix honorable, longue et prospère.

M. de Bismark ne l'a pas voulu !...

Devons-nous voir dans sa conduite la naïve exagération d'un esprit enivré par le succès de la victoire : écueil ordinaire des conquérants et que l'histoire se plaît à nous montrer comme le correctif presque obligé de leur insatiable ambition.

Ce serait, à notre avis, méconnaître étrangement les capacités politiques de l'homme d'Etat prussien, dont l'imperturbable sang-froid, dont la hauteur de vue et la sûreté de coup d'œil nous sont démontrés par des faits sans réplique.

S'il a dédaigné de tels résultats, si par ses violences et sa brutalité, il a creusé volontairement l'abîme de haine et de sourde colère qui sépare les deux peuples, c'est qu'il était dominé par des préoccupations qu'il serait dangereux de laisser plus longtemps dans l'ombre. Quelques politiques ont pu croire que les souvenirs d'Iéna et de Tilsitt n'avaient pas été étrangers à ses excès envers la France. Sans doute on peut leur attribuer une part quelconque dans la conduite de cet homme d'Etat. Cependant, malgré tout le culte des dates et l'esprit de vengeance que l'on peut supposer à M. de Bismark, il n'est guère probable que ces seules considérations, l'eussent entraîné dans une voie aussi dangereuse que celle où il est entré. Il est à remarquer, qu'il a dès aujourd'hui placé l'Allemagne dans cette affreuse alternative, d'être toujours sur le pied de guerre le plus formidable ou de se voir bientôt abaissée, vaincue et ruinée par ceux qu'il a refusé pour ses amis et ses alliés les plus fidèles.

Cette situation n'a certes pas échappé aux froids calculs du chancelier prussien. S'il n'a pas reculé devant les nécessités et les charges écrasantes qu'il allait imposer à son pays, c'est qu'il n'a point encore accompli l'œuvre qu'il a osé concevoir.

On demeure confondu à la pensée qu'il n'a pas voulu arrêter le mouvement de l'Allemagne à l'instant où il paraissait pourtant avoir donné à cette nation, autant de gloire et de féconds résultats, que pouvait en exiger la politique la plus habile et la plus audacieuse. On se demande avec anxiété, quel espoir dans l'avenir a pu inspirer un tel dédain à l'homme qui tient dans ses mains, les destinées de presque tout le Nord.

Il faut juger l'arbre à son fruit. M. de Bismark a bien pu admirer les laborieux travaux et les douces rêveries de ses compatriotes, mais il ne les a pas subis : il est avant tout l'homme de l'action, de la réalité. S'il nous a imposé la revanche, c'est qu'il l'a voulue, c'est qu'il s'y prépare, qu'il l'attend! Une fois encore, peut-être, il espère se donner la satisfaction de dire à l'Europe : « C'est la France qui le veut; c'est elle qui nous déclare la guerre. » Le pieux roi Guillaume lèverait les mains au Ciel et dans une mystique invocation, prierait le Dieu des armées, de faire retomber sur la France la responsabilité du sang qui va couler, des incendies qu'il allumera pour sa plus grande gloire. O fourberie révoltante! Et c'est en face d'ennemis aussi habiles, aussi redoutables, maniant Dieu comme le reste, que nous entendons de bons esprits s'efforcer d'affirmer que la seule bonne politique est celle de la droiture et de la loyauté : sans doute, si l'on était certain de rencontrer les mêmes intentions sur tous les points du globe. Mais c'est là une impossibilité absolue créée par l'antagonisme même des intérêts; elle subsistera tant que la nature et les influences climatériques domineront la race humaine. Or, nous demandons qu'ils nous disent, ces amis de la franchise, quelle sera, dans les conditions que nous venons de signaler, l'issue de la lutte diplomatique, si nous n'avons à opposer aux inextricables perfidies du ministre prussien, que l'habileté plus que douteuse des Benedetti, des de Gramont et des Ollivier.

Depuis longtemps M. de Bismark avait mesuré l'ineptie et l'incapacité notoires de notre diplomatie. Longtemps avant le 4 août, il n'avait pas le moindre doute que nos politiques se laisseraient prendre facilement à sa toile perfide. Aussitôt qu'il fut prêt, il ne manqua pas d'offrir des prétextes : les chemins de fer belges, un prétendant au trône d'Espagne ou cent autres niaiseries de cette nature, devaient faire éclater ces outres gorgées d'orgueil, de sottises et de rapines, et amener enfin cette trop fameuse déclaration de guerre, attendue avec tant d'impatience. Elle a été, en effet, le plus beau triomphe de l'œuvre machiavélique de la Prusse.

Mais aujourd'hui, bien que nous ayons subi cette guerre malheureuse, la France ne laisse pas que de se trouver en présence de combinaisons nouvelles, dont le but final menace, à notre sens, l'existence même de la patrie. Plus que jamais nous devons craindre les illusions et comprendre que si le malheureux traité de Francfort n'est le fait ni de l'enivrement de la victoire, ni d'un sentiment de vengeance, ni enfin de l'inhabileté, il recèle quelques projets ultérieurs qu'il nous importe de mettre au grand jour. S'il eût souhaité la paix, M. de Bismark eût tout fait pour calmer la France au lieu de la diminuer, de la provoquer et de l'irriter. Nous le répétons, M. de Bismark prépare la guerre.

Prévoir à temps les desseins de ses voisins, de ses amis et de ses ennemis, dévoiler les piéges qu'ils peuvent tendre, telle est en partie l'œuvre complexe de la diplomatie. C'est pour avoir trop méconnu ce précepte que l'homme du Deux-Décembre, au lieu d'honorer le vrai talent en lui confiant cette tâche délicate, faisait des plus hautes fonctions diplomatiques, la récompense toute naturelle de la complicité de ses crimes et de ses débauches. On était élevé en raison même de ce qu'on avait la conscience plus avilie et les mains plus ensanglantées. Sa politique était de cerner le trésor et de détourner la France de tout contrôle, par la corruption ou par la peur. Ce soin absorbait tellement les hommes de l'empire que, à l'instant même où ils déclaraient par la voix du maître « qu'ils répondaient de l'ordre, » aucun d'entre eux n'entrevoyait la ruine et la honte qui grondaient sur leur tête.

Mais détournons bien vite nos regards de cette bande éhontée, pour laquelle le vice était une seconde nature. Ils nous ont laissé la France ce qu'elle pouvait être en sortant de leurs mains, avilie, sanglante et mutilée. Que notre amour et notre dévouement pour cette patrie infortunée, comme notre mépris pour eux, se mesurent à la grandeur même de ses infortunes. Désormais, c'est à comprendre notre avenir politique, à lui imprimer une direction nouvelle que doivent tendre tous nos efforts. C'est dans ce but que nous devons, dès aujourd'hui, étudier avec soin l'homme qui n'a pas craint de rêver la grandeur de son pays, aux dépens de tous ses voisins et de la France en particulier.

V

La force prime le droit, a dit M. de Bismark; maxime barbare au service de laquelle il a pris soin de mettre tout ce que la science moderne a su découvrir pour son triomphe. Ce monstrueux accouplement a soulevé d'indignation de ce côté-ci du Rhin, tandis qu'au-delà, il a été parfaitement subi, sinon accepté. Cette manière de voir, différente chez les deux peuples, ne doit étonner personne. Nous avons l'habitude de considérer les progrès de la science comme devant étouffer la barbarie ; dans les mains de M. de Bismark, au contraire, ils doivent servir des besoins et suppléer à l'insuffisance du sol. S'il maintient son armée, son budget de la guerre ; s'il augmente son artillerie, c'est qu'il n'a encore accompli que la moitié de son programme. Il devait, pour l'accomplissement de ses desseins, se procurer des ressources financières, que l'Allemagne est incapable de lui fournir : c'est ce qu'il vient de faire par l'indemnité. Dans une deuxième étape, il espère doter sa patrie d'un commerce fleurissant, de riches colonies ; en un mot, il espère tenter la ruine de l'Angleterre et l'asservissement de la France. Il a compris que c'était le seul moyen de diminuer l'émigration de l'Allemagne et de faire supporter à son pays les difficultés d'une lutte incessante contre les éléments.

Il a tracé de longue main sa ligne de conduite. Certain qu'il était que, livré à ses seules forces, il serait impuissant à rien entreprendre de sérieux, il paraît avoir offert à la Russie une part du butin. Peut-être même, pour mieux caresser les rêves du czar, n'a-t-il pas craint de faire retentir à ses oreilles ces mots magiques : « Reconstitution des empires d'Orient et d'Occident. »

Vieille politique, dira-t-on, qui a souvent échoué en des mains aussi habiles et aussi puissantes que les leurs. Toutefois, il faut reconnaître que ces deux États trouveraient aujourd'hui des conditions de deux ordres qui leur rendraient l'entreprise bien plus facile si l'Europe persistait à ne pas voir les dangers qui la menacent. Les premières sont celles qui ont été créées par l'homme qui dirige la Prusse et que les puissances ont subies, sans se douter qu'elles étaient tour à tour les victimes et la proie du plus grand joûteur politique des temps anciens et modernes. Les secondes tiennent au plus dangereux état d'affaissement où paraissent croupir plusieurs nations et l'Angleterre notamment. Cette puissance, depuis plusieurs années déjà, n'a plus que de mesquines

*

préoccupations d'intérêt. On se demande ce que sont deve-
nus les Pitt, si jaloux de la grandeur de leur pays. Ils ne crai-
gnaient pas de compromettre leur popularité, pour sauver la
suprématie de l'Angleterre, menacée par d'orgueilleux tyrans.
Serait-ce que la haine du nom Français manque à cette
heure, pour stimuler la diplomatie anglaise et lui faire enfin
ouvrir les yeux avant que l'œuvre soit accomplie? Nous ne
voudrions pas rapetisser ce qui fut grand et digne de servir
d'exemple aux hommes du présent. De plus hautes conceptions dominaient alors les politiques anglais; ils avaient clai-
rement entrevu, dans le colloque de Tilsit, leur abaissement,
la perte de leurs colonies et la ruine de leur riche commerce.

Tels furent les puissants motifs de leur acharnement à
cette lutte qui fit tant d'honneur à leur sagacité politique.
Wellington, presque abandonné à lui-même, ne perdit pas
un instant l'espoir de voir bientôt le terme qu'il avait prévu
pour ce règne de victoires, de crimes et de folies.

Mais à cette heure, où le danger offre des proportions
autrement colossales, où tout semble fatalement conduire au
plus effrayant cataclysme politique, l'Angleterre nargue béa-
tement le vaincu, oubliant qu'elle n'a peut-être pas d'autre
soutien de sa grandeur et de son indépendance. Elle ne veut
pas voir que le pacte est conclu, qu'après le Danemark, l'Autriche, la France, c'est son tour que l'on prépare, et que
l'objet des convoitises du Nord sont encore ses colonies et
son commerce!... Elle s'efforce de ne pas voir que dans peu
d'années, deux, peut-être trois puissances seront prêtes à se
jeter sur elle et sur ses riches possessions. Elle continue à
entasser des millions et à se féliciter du soin qu'elle apporte
à se désintéresser des questions du continent.

On ne peut assurément marcher d'un pas plus résolu à sa
défaite, à sa ruine et à son humiliation.

Au nom de l'ordre européen, au nom de l'humanité, que
l'Angleterre se hâte de secouer sa torpeur, de déchirer le
voile qui obscurcit son regard, jadis si clairvoyant. Surtout,
au nom de ses intérêts les plus chers, qu'elle n'imite pas la
France qui, avant Sadowa, alors qu'elle tenait entre ses mains
le sort de l'Europe, fut assez aveugle pour n'avoir d'autre
soin que le maintien de son criminel pouvoir.

L'alliance est conclue entre la Prusse et la Russie. Déjà

M. de Bismark a tout conçu, tout préparé. La question d'Orient s'impose avec une force toute nouvelle, depuis que sa solution paraît étroitement liée à tous les projets de la Prusse. Il n'a pas échappé à la sagacité du ministre prussien qu'avec le concours de la Russie, il pouvait tout oser et tout entreprendre; et que, livrée à ses seules forces, la Prusse ne tarderait pas à subir le sort de la France en 1815. Ce serait bien mal le juger, que de croire qu'il n'a pas mis ses plus grands soins, à ne plus séparer le sort des deux empires.

C'est en conséquence de cet état de choses, que l'on a pu voir éclater la joie peu contenue du czar à la nouvelle des victoires prussiennes [1]. La réponse ne se fit pas attendre. Peu de jours après, le prince Gorstchakoff dénonçait audacieusement la convention de Paris de 1856. Et l'Angleterre, qui avait, par sa faute, perdu l'épée de la France, subissait presque gaiement sa première humiliation. Cette puissance osa se féliciter d'avoir aplani le différend par un nouveau traité, qui n'est rien moins que l'annihilation la plus complète et la plus honteuse de nos communs efforts à Sébastopol. Triste résultat de la politique la plus insensée, si elle n'était la plus incapable.

Est-il besoin de mieux marquer encore la communauté de vues et d'action, qui conduit au même but les deux puissances du Nord. Nos politiques voudront-ils convenir enfin, qu'il n'est que temps d'arrêter, s'il est possible encore, le flot envahisseur qui grandit chaque jour et que l'on sent déjà presque irrésistible.

Avons-nous assez démontré que la Prusse ne considère la paix signée que comme une trève? Elle eût, en effet, pu jouir des immenses avantages que lui assurait la victoire, en faisant comprendre à la France, qu'elle avait subi sa déclaration de guerre, et que, désormais, elle n'avait d'autre désir que de voir les deux nations vivre prospères, libres et indépendantes. Elle a, au contraire, pris soin de s'emparer de deux de nos provinces, que les stratégistes regardent comme la porte de la France; elle augmente les cadres de son

---

[1] Le czar a bu à la continuation des victoires et il a brisé en l'air la coupe dont il se servait. C'est là une coutume du Nord pour exprimer la plus grande joie.

armée, ainsi que son budget de la guerre ; elle se retire de nos foyers, chargée de nos dépouilles, après avoir tout fait pour nous humilier, nous irriter et nous anéantir.

S'il pouvait subsister encore le moindre doute à cet égard, qu'on se rappelle la réponse significative de M. de Bismark au président de la République française. A la vue des conditions désespérantes qui lui étaient imposées à Versailles, M. Thiers osait faire remarquer qu'il fallait prévoir l'avenir : « Vous nous menacez d'une revanche, répondit M. de Bismark, nous nous y préparons. »

Mais quand l'heure sonnera, que l'Angleterre ne l'oublie pas, la Russie sera prête et ne demandera pas mieux que de marcher à côté de la Prusse, la seule puissance qui puisse seconder ses desseins en Orient. Elle aura sur pied plusieurs millions d'hommes et une flotte non moins puissante. Elle ne se contentera plus d'effacer les traités, elle en imposera de nouveaux, qu'il faudra bien accepter, de bonne grâce, si l'on n'a pas su organiser la victoire.

C'est pour se ménager le temps de préparer ces vastes projets que M. de Bismark a imposé à la France des conditions scandaleuses. Il ne prévoyait pas du reste les immenses ressources de sa victime, et il a pensé la tenir d'une manière efficace, en s'emparant de l'Alsace et de la Lorraine. C'est par là qu'il s'apprête à la contenir, au jour de la lutte décisive. Il était bien convaincu que pendant qu'elle se consumerait à lui solder ses monstrueuses exigences, il pourrait à loisir préparer la victoire sur l'Angleterre.

Tel est à notre sens, le seul programme politique que devait sérieusement redouter la France d'abord, puis l'Angleterre, l'Espagne ensuite et l'Italie elle-même. Programme d'autant plus effrayant, que tout semble concourir à sa terrible exécution et qu'il paraît, ainsi que nous l'avons dit, être secondé par la nature même des choses.

En suivant pas à pas la politique du cabinet prussien, nous verrons qu'il n'a guère souci de soulager la misère qui dévore ces provinces, malgré ses victoires et ses agrandissements. Il ne songe à employer son indemnité qu'à des constructions navales et à des armements nouveaux. Il saura trouver quelques bonnes paroles à l'adresse des souffrances qu'il a fait naître, par le chômage de son commerce et la fermeture de ses ateliers, tandis que l'or que nous lui versons ne servira qu'à satisfaire ses vues ambitieuses. Il l'emploiera, sans nul doute, à préparer l'accomplissement de la deuxième partie de ses desseins.

M. de Bismark comprend à merveille que si les milliers d'Allemands qui chaque année s'expatrient, sans espoir de retour, pouvaient aller fonder des comptoirs et des colonies riches et industrieuses, son pays gagnerait bientôt tout ce qu'il ferait perdre à l'Angleterre. Le terme final de sa haute et savante politique n'a certainement pas d'autre secret.

Combien n'a-t-il pas dû être étonné et raffermi dans ses vues, en voyant la France dévastée, couvrir en un jour un emprunt de cinq milliards, tandis que l'Allemagne victorieuse peut à peine assouvir sa faim !...

M. de Bismark a dû comprendre qu'une nation, qui montre une telle vigueur, n'a qu'à se recueillir pendant quelques années pour effacer bientôt et venger ses plus mauvais souvenirs.

Si nous avions touché juste, ainsi que tout semble l'indiquer, il nous resterait à rechercher le parti le plus sage pour conjurer de tels désastres.

Ainsi que nous l'avons dit, un tel plan, avec les moyens dont nos ennemis disposent, est le seul que la France ait à redouter. Il est le seul qui offrirait une gravité, que ne saurait méconnaître tout esprit vraiment politique. Le principal danger serait que l'Autriche, n'étant pas assez sûre d'elle-même, puisse céder à la pensée que la France et l'Angleterre sont impuissantes à lui rendre son ancienne prépondérance. En ce cas, elle prêterait une oreille imprudente aux perfides promesses du chancelier prussien. Et c'est à cette œuvre de séduction qu'il va désormais employer toute sa souplesse et son habileté. Il a déjà obtenu le rapprochement de la Prusse et de l'Autriche sous le plus fallacieux des prétextes : pour se garantir en commun contre les menaces du socialisme ? C'est là une feinte dont nous ne saurions être dupes. M. de Bismark ne tardera pas à solliciter l'alliance de l'Autriche avec les puissances du Nord. Il saura faire miroiter les prétendus avantages que l'avenir doit leur préparer. Peut-être même ne reculera-t-il pas devant des promesses de compensation... en Italie. L'Autriche doit craindre le danger d'une telle méprise; non-seulement elle ne gagnera rien à côté de tels alliés; mais au contraire, elle doit redouter d'être un jour perdue et absorbée par eux. Ce serait par trop de naïveté de sa part: deux fois dupe et victime d'un homme qui n'a de respect que pour les traités qui servent ses intérêts. Quand, avec le secours de l'Autriche, la Prusse aura atteint son but, elle trouverait trop d'avantages à posséder Trieste pour ne point se faire la part du lion. Au surplus, que l'Autriche ne l'oublie pas, si elle devait espérer d'obtenir un jour le prix d'une telle alliance, ce ne serait jamais que des aumônes bien parcimonieuses et une manière de vasselage plus humiliante encore.

VI

Cette politique de la part de la Prusse paraîtra fort peu en harmonie avec les sentiments de loyauté et de justice qu'il serait désirable de voir prédominer dans le concert européen, mais elle n'étonnera pas ceux qui ont fait une étude attentive des agissements de cette puissance. Le jour où les besoins de sa cause l'exigeront, M. de Bismark n'hésitera pas à sacrifier ses amis les plus intimes; l'Italie ne doit pas avoir le moindre doute à cet égard. Il saura prendre le premier prétexte qui lui tombera sous la main. Et certainement, si l'Autriche faisait de son dévouement à la cause du Nord, une obligation pour la Prusse de sacrifier l'Italie, rien ne paraîtrait plus simple, plus naturel aux yeux du ministre prussien. Il démontrerait sans peine que l'Italie ne peut plus lui être d'aucune utilité et que l'avenir de la Prusse est lié à celui de l'Autriche. Ce sont deux puissances du Nord dont les intérêts se confondent; en outre, l'Autriche est une alliée qui n'est pas à dédaigner. L'Italie, au contraire, a besoin d'un long demi-siècle de travail sérieux, pour devenir une force homogène et imposante. L'Autriche pèse bien autrement dans la balance.

Seule la Russie peut compter sur l'inaltérable attachement de la Prusse. M. de Bismark sait bien que toutes ses habiletés et ses finesses échoueraient le jour où il ne pourrait plus compter sur l'épée du czar.

Essayerons-nous de formuler une pensée qui trace la marche à suivre pour parer à de telles éventualités? Il est facile de comprendre que nous ne saurions avoir d'autre prétention, dans des questions aussi graves, que de donner une idée générale et sommaire de ce que le bon sens et la logique peuvent indiquer. Le surplus est évidemment l'œuvre complexe de la diplomatie, à laquelle incombe le soin délicat de peser et d'apprécier chaque fait, chaque circonstance et d'y faire face.

Auparavant nous voudrions nous expliquer à propos de quelques naïvetés politiques qui, en France, ont encore quelque crédit, et ne laissent pas que d'affaiblir notre action diplomatique.

La France est à peu près le seul peuple qui se soit donné la mission de guerroyer pour une idée. Rien sans doute de plus honorable, de plus glorieux que le noble sentiment qui pousse un homme en sa qualité de citoyen à exposer sa vie, à verser son sang pour une conviction religieuse ou politique. Ce sont ces cris invincibles de la conscience, qui nous ont valu les illustres martyrs de la religion et de la liberté.

Mais qu'un gouvernement qui est l'émanation du suffrage universel, s'attribue le monopole de la sentimentalité et de l'enthousiasme, et fasse bon marché du sang et des trésors du peuple, pour une idée plus ou moins contestable, voilà ce que répudie la justice et le droit. C'est surtout en pareil cas, que nous invitons les hommes du gouvernement à prendre la place de ceux qui paient ces entreprises, de leur sang et de leurs deniers; alors seulement ils auront quelques motifs d'entraîner à leur suite les gens plus calmes et plus pratiques. La vie et la fortune des citoyens méritent de n'être pas tout à fait sacrifiées à des idées plus ou moins fantaisistes, qui demain peut-être, seront jugées d'une fausseté ridicule. Nul ne saurait se méprendre sur notre pensée : il est bien convenu que si quelquefois nous devons être avares de notre sang et de nos trésors, nous appartenons corps et bien à la défense de la patrie.

La France ne saurait oublier ses glorieuses traditions. Nous l'avons vue se lever courageuse et frémissante à la voix de ce jeune et déjà illustre patriote, si justement appelé le Carnot de l'honneur de la France. Si après vingt ans de corruption et de despotisme le plus abject, la France a montré une telle énergie, que n'avons-nous pas à espérer d'elle, quand elle aura été remuée et vivifiée par le souffle puissant de la liberté?

La tâche du gouvernement de la république sera de ménager cette nation, que nous allons voir renaître chaque jour, d'éviter envers elle, les égarements dangereux du passé, de tenir enfin cette juste mesure, toujours si difficile aux hommes du pouvoir. Le péril toutefois, serait de les voir tomber dans les excès où s'est jetée l'Angleterre, depuis quelques années. Le foreign-office peut se convaincre aujourd'hui que l'abstention absolue, pas plus que la témérité, ne sont une règle de conduite digne d'un grand peuple, et que l'une et l'autre conduisent à l'abaissement et à l'humiliation. Si nous avions à juger la politique d'abstention de l'Angleterre et la politique téméraire de la France, nous les regarderions comme également coupables. La seule différence pratique est que l'Angleterre, malgré ses grandes fautes, par l'économie de ses forces, inspire encore quelque crainte, sinon du respect. Tandis que la France qui s'est exténuée à combattre pour l'idée se voit périodiquement incapable de défendre ses vrais intérêts; et telle sera sa destinée tant qu'il lui plaira d'être la victime et la proie des trônes et des despotes. Ces derniers n'auront jamais d'autre souci de leurs peuples, que de les faire servir à leur gloire et à leur insatiable ambition.

Une autre pensée qui a cours parmi nos politiques, c'est que l'Angleterre, l'Italie et l'Amérique qui devaient à l'épée de la France, l'une l'empire des mers, les deux autres leur indépendance, ont méconnu le sentiment de la reconnaissance à l'époque de nos malheurs. Ce sont là des erreurs qui doivent disparaître de nos esprits, et dont le souvenir subsistera comme une preuve que nous ne sommes point encore rompus à la réalité diplomatique.

Un pouvoir absolu dont le peuple est l'esclave, peut bien céder à quelques sentiments de reconnaissance et faire servir le sang de ses sujets à une cause qui leur est étrangère. Mais un tel désintéressement est interdit à un gouvernement élu, dont le seul devoir est de garder l'honneur et les intérêts de ceux qui les lui ont confiés.

Il ne lui est point permis de céder à des fantaisies qui vont coûter à la nation, son sang le plus pur et sa sueur la plus amère. « La reconnaissance, a dit Rousseau, est le devoir du citoyen, mais n'est point un droit que l'on puisse exiger. » L'accomplissement de ce devoir, de la part d'un peuple, exige l'assentiment de ce peuple tout entier.

Au surplus, une politique internationale, digne de ce nom, ne saurait rien fonder de sérieux sur les bons sentiments. Ceux qui tenteraient de replacer la politique extérieure sur le terrain de la loyauté et de la franchise, entreprendraient de changer la nature même des hommes et des choses, c'est-à-dire tenteraient l'impossible. Ils ne tarderaient pas à voir, qu'ils ne sont que les victimes de leurs propres illusions. Une telle réforme, très désirable sans doute, nécessiterait avant tout l'identité absolue des intérêts internationaux. Nous avons établi que la nature même du sol et du climat, dans les diverses régions, s'y oppose formellement.

VII

La base de toute politique entre les nations, il faut l'avouer à regret, c'est l'intérêt. La gloire a peut-être sa part quelquefois, mais il est facile de remarquer qu'elle est surtout le mobile des dynasties. Les républiques en général se limitent avec raison à la politique d'intérêt. Quand elle est conduite avec habileté, elle ne manque pas de rapporter au peuple qui la professe, avec les richesses et la prospérité, une gloire bien suffisante. Au contraire, la politique qui n'a pour but que la gloire et les lauriers, aboutit fatalement, dans un temps plus ou moins restreint, au désastre, à la ruine et à l'humiliation.

Cette théorie de l'intérêt en matière de politique étrangère, nous conduit à distinguer soigneusement l'intérêt bien entendu de celui qui, sous l'influence du succès, entraîne les gouvernements à dépasser toutes limites, à ne tenir compte d'aucune leçon de l'histoire et à préparer ainsi, de leurs propres mains, leurs défaites et leurs abaissements futurs.

L'histoire, qui doit être notre guide et la source la plus

féconde d'enseignement, nous prouve que ces grandes entreprises, qui ont paru un instant réussir en de puissantes mains, n'ont eu qu'une vie bien éphémère. Presque le même jour, qui voyait disparaître le génie créateur, était aussi le témoin de l'effondrement et de la dissolution de son trop vaste empire.

Le politique sage et prévoyant ne doit élever qu'un monument qui puisse reposer sur des bases naturelles et solides. Alors seulement, son œuvre pourra être reprise et continuée par ses successeurs et vivre d'une vie impérissable.

Telles sont, en peu de mots, les données sur lesquelles le pays doit asseoir sa politique nouvelle. Notre diplomatie, qui depuis Richelieu a presque toujours trouvé ses meilleurs arguments dans la force de nos armes, saura, nous en avons l'espoir, comprendre le rôle digne, calme, souple et réfléchi que lui ont tracé nos récentes défaites.

Et tout d'abord, nous devons repousser hautement et sans arrière-pensée les folles instigations du clergé de France. Il n'a pas craint, dans un intérêt purement matériel, de nous entraîner, après tous nos malheurs, à une guerre contre l'Italie!... Il a bien prouvé par là qu'avant d'être Français, il était sujet du pape-roi. Il suffit cependant de lire la spirituelle et saisissante brochure de M. About, sur la question romaine, pour nous convaincre que le gouvernement des prêtres, à Rome, est un gouvernement d'aveuglement et de désordre, et qu'il serait de la plus souveraine injustice de vouloir l'imposer à un peuple quelconque. Il n'a cessé d'être en contradiction avec son propre principe : en même temps qu'il avait admis pour son usage, le principe électif, il s'appliquait à soutenir la légitimité et l'hérédité chez tous les autres peuples. Cette simple remarque, due à la plume de l'illustre Louis Blanc, n'est-elle pas la condamnation sans appel de cette royauté d'un autre âge?

Nous sommes du nombre de ceux qui ont foi dans l'excellence de la morale du Christ, et à ce titre nous disons avec le célèbre Smith qu'elle a tout à gagner à subir la concurrence des autres religions. Elle trouvera dans le zèle et le dévouement de ses ministres, une prépondérance que ses priviléges, son trône et ses revenus lui font perdre chaque jour.

Nous devrons donc éviter tout équivoque avec le cabinet de Rome; il ne manquera pas de s'apercevoir qu'il a plus à attendre de la France que de tous ses prétendus amis d'un jour, dont le seul mobile est une insatiable ambition.

L'Angleterre, nous l'espérons, saura de son côté secouer sa torpeur et distinguer ses alliés naturels. C'est pour elle la plus grave question d'avenir.

L'Autriche seule, peut-être, n'a pas encore osé faire bonne justice des perfides séductions de M. de Bismark. Elle ne sait ce qu'elle doit espérer et croire de l'avenir. Elle n'a sans doute, pas oublié le souvenir de Venise qui fut la cause véritable de tous ses malheurs. Car elle ne saurait douter aujourd'hui qu'une cession spontanée de cette province ne lui eût épargné Sadowa. Ce que nous devons nous appliquer à faire ressortir aux yeux de l'Autriche, c'est qu'une seule victoire sur son ancienne rivale, donnerait aux Habsbourg leur ancienne et féconde prépondérance en Allemagne. Qu'elle ne l'oublie pas : tout autre parti préparerait à jamais le vasselage, sinon l'anéantissement de la maison d'Autriche.

Enfin l'Amérique, elle-même, verra-t-elle d'un œil indifférent la formation de deux puissantes marines prêtes à tout entreprendre ?

Au cas où la victoire resterait aux puissances du Nord, le cabinet de Washington aurait peut-être à se repentir, un peu tardivement, de sa fidélité trop absolue à la doctrine de Monroë. En politique, moins que partout ailleurs, rien n'est absolu; et souvent, quand il est facile de prévenir de grands malheurs, une fois accomplis, ils deviennent irréparables. Ces pensées sont bien dignes de quelques réflexions de la part d'hommes si jaloux de leur indépendance politique et commerciale.

Tel est, croyons-nous, l'avenir imposé par la Prusse au monde entier.

C'est pour préparer des moyens en rapport avec la grandeur de ses projets, qu'elle remplit son trésor de nos milliards, qu'au lendemain de ses victoires elle perfectionne ses armements, double son artillerie, élargit ses cadres, se concerte avec la Russie et cherche à entraîner l'Autriche. Ne pas vouloir constater de tels dangers, c'est se jeter, tête baissée, dans l'abîme que nous prépare les hommes du Nord. C'est à la

Prusse enfin, que nous devons les armements formidables qui écrasent toutes les nations. Elle devra dans l'avenir porter toute la terrible responsabilité des maux et des misères que son ambition inflige à l'humanité.

La France maîtresse de ses destinées aujourd'hui plus peut-être qu'à nulle autre époque, ne méconnaîtra pas la haute gravité de sa nouvelle situation. Elle saura retrouver dans son génie puissant, dans son désespoir même l'indomptable énergie d'un peuple qui ne veut pas mourir.

Elle redoutera par dessus tout la voix perfide des prétendants, quels que soient leur nom et leur origine. Depuis trop longtemps déjà, ils absorbent et dissolvent les forces vives de la nation. Là est le suprême obstacle à l'œuvre de la réparation, qui exige l'union de tous et l'abnégation la plus absolue de chacun. A ce prix seulement est le salut de notre patrie bien-aimée.

Dʳ TABERLET,

député de la Haute-Savoie.